파도 아래 선한 눈

Good-natured eyes underneath the waves

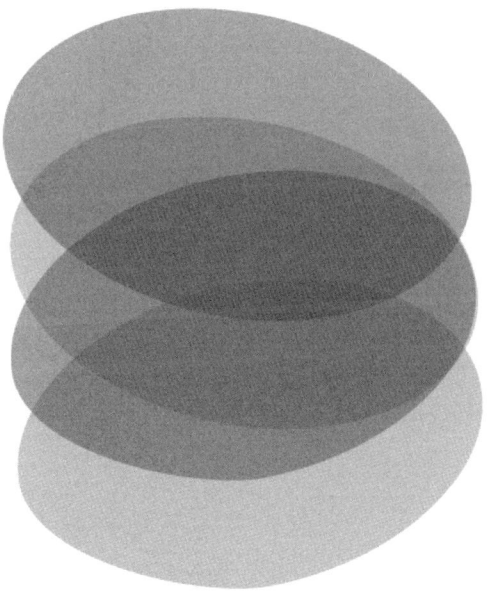

Prologue

SHAPE

 우리는 모두 처음 맞는 파도 앞에서 나에게 가장 잘 맞는 수영법을 찾아야 하는 사람들이다. 옆 사람이 파도를 잘 헤쳐 나간다고 해서 그의 모양을 그대로 가져와 나의 파도를 타면 어떨까. 여전히 허우적거릴 것이다. 우리는 모두 다른 파도를 가진다. 나의 모양이 소중할 때 동등하게 당신의 모양도 소중하다. 우리의 모양은 다를 수 있어도 그것을 관통하는 지혜들은 여전히 우리에게 적용되고 있다. 그 사실이 버팀목이 될 때가 많았다.

LAYER

 나의 모양을 가지는데도 불구하고 여전히 고민은 거듭되었다. 우리는 여러 겹의 마음을 가지고 산다. 때로 나는 아주 순수하고 맑은 마음을 가지지만 또 다른 시간에는 비관적이고 속 좁은 사람이 되기도 했다. 이렇듯 내 마음에는 수많은 레이어가 존재해서 어울리지 않는 마음들이 충돌해 괴롭기도 했다. 나는 몇 겹의 사람일까. 나는 얼마나 다성적인가. 그렇다면 우리가 선한 눈빛을 품을 수 있는 마음속 레이어는 어디에 있을까. 이 고민을 일부러라도 오래 쥐고 있어야 한다고 느꼈다. 나에게 선한 눈빛을 발굴하도록 도왔던 것들은 대화를 나누고 타인의 서사를 듣게 될 때 그래서 비로소 지금 당신의 행동이 이유 있음을 알 때였다. 그리고 사랑을 통해 뭔가를 배울 때였다. 내가 배운 사랑은 날 선 마음을 탓하지 않고, '네가 오죽하면 그렇게 날이 서있어, 힘들지는 않았어?' 하고 물어봐 주었기 때문이다. 한 겹 한 겹 아픔이 허물어지면 나는 조금 더 선명해지곤 했다.

목 차

시

개나리	10
찬란함	11
시를 읽는 까닭	12
사람 안에 있는 빛이라는 것도	13
안아줘야 하는 것	14
벽	15
떠나야 할 여행	16
구름이 드리우는 동안	17
나에게로	18
퍼즐	19
파란 밤과 연인	20
울음을 시작하는 표정	21
샘	22
자라나다	23
나의 은둔 당신의 은둔	24
그림자를 지웠다	25
5월의 나뭇잎	26
세상	27
이타적 유전자	28
첫새벽	29
파도는 이곳에	30
밤독서	31
나의 길 1 -취향	32

말간 웃음이 남아 있는 곳	33
아이의 창문	34
지난 우리	35
통증을 포옹하기	36
무릎을 안는 일	37
나의 길2 –태도	38
불가능에 대하여	39
보호	40
대화의 끝	41
아이야 이 밤에는	42
걸으며	43
쓰는 고민	44
입체적인	45
우리 입 안에는 봄이란 게	46
가까운 마음	47
보이지 않는 곳에서	48
가치	49
연대	50
4월	51
어느 연인	52
아픈 손가락	53
강이 우는 소리	54
시간과 나 사이에도	55
나무를 심고 걸었다	56
행복의 총제	57
민들레 마냥	58

가두지 않을 약속	59
'우리'의 관계	60
걷는 방향	61
우리가 영원히 시소 위에 앉는다	62
마음의 꼬리	64
선하고 단단한 대화	65
소란을 피우며 살아요	66
혼자가 아닌 곳	67
사랑으로의 수렴	68
글이 없는 곳	69
우리가 웃기까지	70
고작 시 몇 줄이	71
오래 볼 것들	72

짧은 소설

적당함에 대하여	74
파도는 이곳에	82

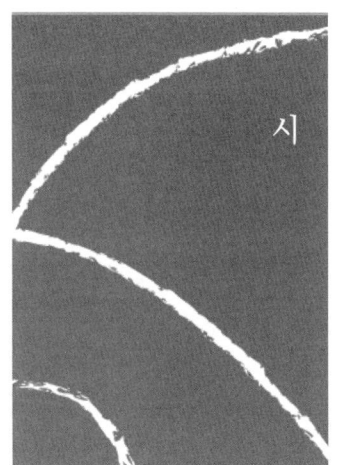

개나리

노란 머리 한 다발 길가에 쏟아내고 있으니
모두 멈칫거리며 수더분한 아름다움을 본다
바쁜 밥알을 넘기는 길목에
부담을 지고 걷는 와중에
나무는 작은 찬탄을 피워 올린다
누구를 위한 것도 아닐 때
제 색과 모양을 꺼내 피워 올릴 때
의도치 않은 아름다움이 마음에 앉는다

찬란함

자유의 찬란함을 찾아 다녔지
책임 없이 자유를 방패 삼는 곳에서는
풀리지 못한 마음이 길을 잃었다
그것을 너무도 아끼는 바람에

한참을 돌아다니다 보았다
발 밑에 주어진 걸음을 다 걷는 일부터
내 발자국이 무게를 헤아리며 깁는 일부터
쉬운 일 골라먹는 편식을 버리는 일부터
자유의 맛을 빚을 수 있음을

즐거운 발걸음은 가볍고
가벼움은 며칠 새 사라지기도 했다
표정을 풀고 눈길을 넓게 주며 걸으면
며칠 새 생겨나기도 했다

나와 너의 자유가 모양이 다르기도 하여
우리는 찬란함만을 공유하며 걸었다

시를 읽는 까닭

하늘이 탁한 밤에는
구름이 잔뜩 끼어도 알 길이 없다

달빛 희끗 내비치면
그제서야 안다
주변이 구름으로 덮여있었구나

사람 안에 있는 빛이라는 것도

사람 안에 있는 빛이라는 것도
한순간 활활 타오르는 것만이 능사가 아니었음을
커가는 아이와 어른의 사이를 걸으며 알았네

불씨를 꺼트리지나 말자 하는 작은 마음이
온 힘을 다하여 이룰 수 있는 목표일 때도 있어

그러나 우리는 알고 있네
바람이 통하고 나면 얼마쯤 불씨는 살아나고
사람이 둥그렇게 모여 앉으면
홀로 타던 빛은 더욱 제 가치를 더하네

각자의 밤을 춥게 지새지 않도록
자작자작
오랜 시간 타올라야 하네

사람 안에 있는 빛이라는 건
빛이 바랜다― 하는 쉬운 문장을
기꺼이 뒤집어야만 하네

안아줘야 하는 것

언젠가 한 번은 부서졌을 당신의 마음이
내게 올 때
그 발걸음이 얼마나 씩씩했던지

이제야 조금 안다
그 발걸음에는 무거움도 있었을 거야
티 내지 않았지만
티 나지 않아도 안아줘야 하는 것들이 있다

이제는 와락 안는 일보다
티 나지 않게 둘러 안아
안전지대를 만들어내는
그 일들을 더 하고 싶다

공백처럼 가벼이 오는 것들도
결코 공백인 적이 없다

벽

벽은 내 안에서 세웠고
누가 자꾸 벽에 부딪쳐
내 마음이 시끄럽다고 탓하였다

나의 벽을 돌아보지 않으면
두드림도 공격이 되었다

기울어진 것은 부디
쓰러지게 하소서*

"심어서 바르게 자란 것은 번식하게 하고 기울어진 것은 쓰러지게 한다."
(중용 제17장)

떠나야 할 여행

가을에는
낙엽이 가지를 떠나
바람을 타고 넘나드는 여행을 하는 게 순리인데
가지를 놓지 못하는 모가지는 얼마나 억세지나

떠나야 할 여행을 떠나는 마음으로
사랑은 얼굴을 바꾼다
여행 속에 혼돈이 포함되어
여행임을 새카맣게 잊고 말아
여행에 혼돈이 없다고 누가 말해주었지?

구름이 드리우는 동안

구름이 드리우는 동안
산그늘이 지네
그늘을 조종할 수 없어
난 그늘에서 노네
구름이 스스로 움직여 걷혀 가는 동안

나에게로

나는 나의 기쁨을 안다
남이 무시할 수도 있는 나의 기쁨을 안다
그것을 아는 것만으로도 누리는 것만으로도
나는 한 발자국 더 나에게로 가는 것이다

나는 나의 불안을 본다
남이 한심해 할 수도 있는 나의 불안을 응시한다
그것을 보는 것만으로도
나는 한 발자국 더 나에게로 가는 것이다
그 순간에 나의 불안은 나에게
화해를 청하고 더딘 소멸을 약속해 주었다

퍼즐

보조개 안에 아픈 일 그 옆에 아쉬운 일
그게 모두 우리의 것이라
얼굴에는 표정이 여러 개

마음의 근육은 퍼즐
퍼즐이 들어맞는다는 것은
기뻐 마중 나온 모양과 움푹 들어간 모양
그것들이 곡선으로 맞닿았을 때에만
두텁게 휘어 꺾이지 않고
모양이 훼손되지 않고
비로소 이게 당신의 마음이 맞다

완성된 퍼즐의 그림이 동일한 것은 우리에겐 없고
다만 비슷한 조각을 든 채 서로를 포개는 것들이 있다

파란 밤과 연인

밤이 파란 저녁을 먹으면
당신은 무서운 기분이 든다고 하였다

나무 따라 이어진
능선을 보면 나는
함께 살고 있구나 하여
다같이 몸을 밀고나가는
우애가 돋는다 하였다

우리는 기분이 조금 달라서 든든해 보고자
서로의 손을 잡았다
금세 우리는 우리의 기분이
왜 같지를 않냐며 화를 낼 테지

그러면 너는 나를 차분히 가라앉히고
파란 밤이 이제 무섭지 않다고
우애가 돋는다고 말해줄 것이다

그러면 나는 다시 풀어져
너는 무서울 수도 있구나 하고
첫 마음을 내놓을 것이다

울음을 시작하는 표정

울음을 시작하는 표정
입꼬리가 움찔거리는 모양
유리알을 품은 눈동자
눈에서 유리알이 떨어져
나의 안에 깨진다

울음을 시작하는 표정이
깎는 듯한 시간으로 만들어진 슬픈 무늬가
판화처럼 마음에 남을 때
나는 무언가를 지키는 사람이 되었다

샘

내가 너의 앞에 섰을 때
발 밑으로 시샘의 연못이 크게 고인다

그곳을 푹푹 거닐다
나의 발이 홀딱 시샘의 물에 젖었다
불은 발은 감각이 온전치 못하여
이 길도 별로구나 축축하구나 비웃어버린다

그러나 또 다른 나는
시샘의 물을 응시하는데
내가 바라보는 동안
샘은 자신의 존재를 인정받아
나와 너의 사잇길이 되어준다

나는 옆자리에 함께 놓여
좋은 눈빛을 받을 수도 있었고
너를 배움으로써
나를 키울 수도 있었다

자라나다

나는 이곳이 좋아 대화를 나누는 우리와
집으로 돌아온 마음
오늘 하루 입의 무게를 점검하는
조금 소심한 내가
조심스레 자라나서 좋아

내 곁에 남은 이들이
과거의 한 면으로
나를 쉬이 규정하지 않아 좋아
한 뼘 더 자라고 싶어
마음에 빛을 내린다

이곳에 나와 너와
또 모르는 네가 있어서 좋아

나의 은둔 당신의 은둔

사랑하는 사람아
이따금씩 나의 은둔을 모른 체 해줘
알아도 모르는 척 짓궂은 표정으로 웃기려는 사람아
그게 당신의 지혜라는 걸 배웠어

내가 나의 우물로 들어가는 날
굳이 따라 들어오지 않아도
주변을 맴돌며 하늘을 보는 사람아
주변을 지켜주었기에 때로는 내가 중심일 수 있었지

그럴 때면 나는 중심이면서도
당신의 주변을 자처하고
우리는 그렇게 이중역할을 훌륭히 해냈다

나의 은둔 당신의 은둔
그 옆에 있자
그 속에 나만이 있고
당신만이 있는, 시간을 편성해보자
낯선 이야기들이 '사랑'에 편입되도록

그림자를 지었다

집 앞, 나무 한 그루 풍성하니
햇빛을 받고 그림자를 푸짐히 지었다

벽을 타고 집에 무늬를 만드니
누가 제 그림자를 탓하기만 할까

무늬를 짓는 줄로 알고 조용히 믿으며
생기 있는 적막을 걷는다

5월의 나뭇잎

눈이 선명해지는 봄 하늘의 귀들이 팔랑인다
다음 봄에는 올봄의 무른 귀들이
영영 가는가, 아니
감추는가 그래서 다시 나오는가

아마 영영 갈지도 모르지
가는 것을 알기에
그리움을 한시름 짊어지지 않고
되려 가장 맑은 생기를 뿜어내는지도 모르지

올봄
가장 살아있음으로써
되려 아무것도 모르는 이처럼
그리하여 겨울은 소복이 겸허한지도 모르지

세상

열 개의 자리를 두고
일곱 개의 네모를 설명한다
남은 세 개는 아무도 설명해주지 않는다

누군가에게 세 자리는
너무나 당연한 사각형이 되어
구석진 곳에 숨어드는 날이 많아지기도 한다

다시 누군가에게 세 자리는 동그라미가 되어
그들은 동그란 곳에서 춤을 추기도 한다

이타적 유전자

나 너 금세 우리가 되었을 때
너는 내게 성큼 와서는 휘감아
내 이기적인 껍질을 캉캉 깨고
이타적인 사랑을 밤새 고민하도록 한다

기분 내키는 대로 조건부의 사랑을 들고
가장 넓은 양 내보이다
무조건적인 사랑을 받으니
옳다고 빳빳이 힘 준 손이 무색하여
홀로 물끄러미 너를 본다

나는 부끄러워서 떨다가
이제는 큰 걸 내어주고 싶은 거야

홀로 물끄러미 너를 본다
너도 물끄러미 나를 들여다 보고 있었다

작고 큰 마음들이 사이에 넘나들었다
우리는 배운다 서로의 가장 안 쪽,
이타적인 유전자를

첫새벽

첫새벽에 서면
단어를 접고 걷기를

단어와 문장 없이
나는 그대 속을 모르는데
밀려오는 평온함은 설명할 길이 없네

말을 잃고 눈길과 손길을 읽어
그것으로 아름다운 날도 있지

파도는 이곳에

파도는 모르지
바다가 되고 싶은 파도는 모르지
부서지느라 망가진 줄로만 알지
나는 왜 바다가 될 수 없을까

너는 이미 바다 안에 있어
바다는 파도로 이루어져 있어
낯선 강물을 받아들임으로써
모래알갱이를 훑어 안음으로써
온몸을 순환시킴으로써
소리 내고 있어

파도는 모르지
바다가 되는 순간은
착실히 파도가 되는 순간 뿐인걸

밤독서

시간을 노니는 듯
감각을 펼치고 은은하게 받아들이는 듯
잠드는 때까지 쌓아 올린 기분이
내일의 아침을 유발하기도 하여
내일의 햇빛은 나를 솔깃하게 만들고

책에 누운 글에서 내 안으로
죽 이어진 먼 길을
찬찬히 걸어 들어가
나의 안락한 온실로 안착하는 밤

나의 길 1
- 취향

길을 걷고 있는데
들어오는 사람도
곁에 붙어 말을 건네는 사람도
빠져나가 그만 보는 사람도 있다

그 모든 존재들이 자신의 길을 걷는 중임을
우리는 서로에게 과정이고
과정이 겹쳤다가 멀어졌다가
그렇게 동심원을 그리는 이들의
조합이 자주 바뀜을 알게 되었다

좋다 들기도 나기도 해서
취향의 문이 열려 있어
나도 이별한 취향이 있고
다시 찾아간 취향이 있고
새로 찾은 취향이 있어

좋다 시간이 재잘대며 나를 만들어주어
모든 것이 움직인다

말간 웃음이 남아 있는 곳

내가 슬퍼하면 같이 슬퍼 말고
아름다운 걸 더 붙잡아줘
말간 웃음을 더 붙잡아줘
나는 그걸 보고 다시 일어나
아 저런 맛과 멋이 있었지
더뎌도 그곳으로 갈 거야
그러니 내 괴로움에는
손만 잡아줘 깊이 피로워하시 말아줘
그러면 나는 돌아갈 곳을 몰라 아프니
춤을 추고 노래를 부르자
그곳으로 우리는 더뎌도 가자

아이의 창문

아이에게는 창문이 있다. 아이의 창문은 바깥으로 열리게 되어 있다. 지나가던 사람들이 바쁜 몸으로 열려있던 창문을 떨구고 만다. 아이는 이제 찬바람이 들 때 닫을 문이 사라졌다. 아이는 생각한다. 이제 문은 없구나. 문이 떨어진 자리는 아이에게 벽이 되었다. 그 자리는 여전히 뚫린 채 있었다. 아이에게 묻자 자기가 열고 닫을 수 없는 것은 벽이라고 했다. 창문을 가진 아이가 벽을 가지게 되었다. 아이의 뚫린 벽으로 찬바람이 계속 들어왔다. 우리는 얼마나 많은 아이의 창문을 툭툭 떨구었을까 발 밑에 원을 그리다 바닥이 파였다. 눈빛과 말씨가 새 창문을 달 수도 있다고 아이는 내게 알려주었다.

지난 우리

우리는 사라지는 것들을 그리워했지만
때로는 그리운 것들을 사라지게 놔-두었다
사라지고 있는 것이 순리라고 여겨지는
몸의 감각이 움트는 순간이었다

통증을 포옹하기

어떤 슬픔은 감정을 지나
구체적인 통증
증상이 되어 마음에 남는다

마음은 언제나 그랬듯이
눈이 되어 세상을 보아
그리하여 나는 치료 받지 못한 통증을
그 딱지 진 눈을 안아주어야 했다

무거운 눈꺼풀로 다 보지 못하고
내리깔고 보는 낮은 마음들로
건강하게 피어난 아이를 가리지 않도록
티없이, 티없이,
서릿 너머 평안한 얼굴을 보는 날까지

무릎을 안는 일

겪어보지 못한 슬픔 앞에서 종종 할 말을 잃는다
만들지 못한 말이 녹아서 쌓이면
몸 밖으로 나오는 법이다
사람이 운다는 건 단어가 아닌
소리를 뱉는 일
언어가 끝나는 곳에 소리가 있다는 말
나는 그 말을 알아간다
말로 다듬을 수 없는 밤도 있으며
그런 밤을 더듬어가는 사람도 있다

우리가 할 수 있는 일은
당신 왜 그렇게 밤을 헤집고
다시 짚어 힘드십니까 라는 말보다
멀고도 다른 밤에 같이 무릎을 안는 일

나의 길 2
- 태도

길을 걷고 있는데
너 참 바로 걷는다
그 길의 때깔보다도
마음의 태도를 알아주는 사람들이 있었다

방향의 키를 빼앗아
대신 걸어주려는 이가 없을 때
느려도 우리는 키를 조절하는 법을 익힌다

수많은 말과 눈을 거듭 주워담고 헤아리면서도
그들의 눈을 나의 존재 위에 두지는 않아야지
다만 옆자리를 늘 넉넉히 두어야지

불가능에 대하여

불가능이라 불리는 것을
추구하려는 태도
그것만이 가능하다고 생각합니다
종국에는 불가능으로 판정될 것들을
놓아버리면 우리는 불가능 도장 꽉 찍고
그 잉크주위를 배회하며 고작 그 씁쓸함만으로 살겠지요
그러나 그러나
선생님 도장부터 찍어내리지 마시고
조금만 희망의 말을 주세요
그러면 나는 희망의 맛을 볼 것 같아요
그래도 결국에는 세상이 아름다웠다고 말한 것이
혼자 잘난 인생 산 사람들인가요
부조리의 현장에서 싸운 사람의 말이었고
전쟁을 치르고 소설을 쓴 사람의 말이었고
수십 번의 실패를 넘어 고개를 든 사람의 말이었습니다
선생님 저는 불가능 속에서도 가능을 쥐고 걷는 마음이 있다고 믿어요
현실이 있다면 현실을 사는 마음은 그보다도 가짓수가 많습니다

보호

사랑은 서로의 아이를 보호하는 일
어른의 등 뒤에 숨은 아이다움을 쓸어주는 일
가장 무르게 상처받고
가장 엉뚱하고 명랑하게 웃기도 하는
아름다움을 끌어안는 일
때로는 눈물이 미학이 되어
우리는 웃음과 울음을 분리할 수가 없었지

대화의 끝

대화는 늘 우리를 더 높은 곳에 올려놓았다
오해와 미움 없는 헤어짐이 있다면 당신과 나의 노력임에 틀림없다

나를 갉아먹는 상상의 늪에서
허상을 단호히 밀어내며 울음으로 뱉어내고
내가 나를 더 아껴주고 지켜야 할 시간임을 굳게 믿는 것
사랑이 끝나도 소중함은 남는다는 사실을 대화하는 것
보이지 않는 미움의 구성물을 대화로 해체하고 소멸시키는 것
우리가 마지막으로 다는 단추

서로에게 이기고 지는 사이가 아니었기에 가능했다는 것을 알아
누군가로 인해 내가 아픔을 견뎌야 할 때도 있다는 것
당신이 의도한 아픔이 아니라는 것
우리는 그것을 나눠서 쓰려고 노력했다는 것
마음의 끈을 붙잡던 우리는 기를 쓰면서 그곳에서 미끄러졌다
단정하게 채우고 당신의 남은 길을 모두 걷기를

강물은 되돌아가지 않겠지만
지나온 물길이 꽤 치열하고 아름답게 조직되고 있었다
곁이라는 건 참 중요하지만 혼자일 때조차도
우리는 흐르고 있음을 의심하지 말기로 하자

아이야 이 밤에는

밤이 사람을 옥죄어 올 때
간신히 옅은 호흡을 반복하며
잠으로의 도피가 어려워지면
생채기 난 열매를 먹은 아이는
하나의 부정을 먹고 금세 열의 세계를 만든다

아이야 이 밤에는
남이 무심코 심은 열매를 성실히 먹지 않아도 된단다
부정의 단어와 무정한 말투
그것의 숙주가 되어주지 말아야 한단다

아이야 밤을 건너뛰려 하지 말고
너의 밤을 재생하는 씨앗을 심자
어느 밤에도 숲이 사라지는 밤은 없다

걸으며

동이 튼다
밤이 지나고 있었다
이 밤을 지나보면
다음 밤에 대한 감각이 생겨

힘없이 스러지는 거미줄처럼
홀로 엮어 놓은 감정의 늪이 사라진다
마음에 대고 걸음을 휘적인다

또 어느 밤에는 관성처럼
넘치게 심각하고 사사로운 말로
촘촘히 집을 짓고 들어가 울기도 하겠지만
그 순간에 말보다는 발을 믿어야 할 것을 알아

큰 산과 새소리와 물결 치는 모양과
나의 호흡이 전부인 순간을 통과하고 나면
힘없이 스러진 지난 집의 재를 보고
희미하게 웃어버리고
깨끗한 말을 웅얼거리자

쓰는 고민

빈 접시에 고민은 쌓이고
산뜻하고 신선한 재료가 놓인 접시에 고민은
발 디딜 틈 없음을 알고 사그라진다

나의 생활에
마음이 텅 비면
정성껏 성실하라는 마법이 빠지면
접시에 고민만이 가득 담긴다

재료를 열심히 올리면
이미 언어는 숨을 쉰다

쓰는 행위 이외에
모든 일상에 정성을 들이면
쓰는 일도 언젠가는 흘러나왔다
그때는 마음 깊은 곳에서 웃었다

입체적인

제 몸을 늘린 구름이
제법 입체적으로 피어 오르면
구름은 하늘을 더 넓게 쓴다

광활한 장면 아래 선 나는
내 세계를 넓게 쓸 마음으로
나와 다른 눈길도 쓸어 본다

우리 입 안에는 봄이란 게

나는 당신을 잡아먹지 않겠어요
당신도 나를 잡아먹지 말아줄래요

우리의 봄은 그런 말들을 주고 받고 꽃도 볼 줄 알았을 텐데 시간의 터널을 지나다보면 무언가에 휩쓸려 우리는 마음이 퍽 좁아지기도 합니다. 나의 좁은 마음이 당신을 잡아먹을 때 한 번만 고운 말로 나를 쓸어주세요. 나는 놀라 부끄러워 마음 위에 먼지를 후 털어버리고 내 안에 있는 햇살을 꺼낼 수 있어요. 당신 좁은 마음으로 나를 잡아먹으려 할 때 내가 함께 치고 받으면 우리는 무엇이 되나요. 봄에 쥐었던 마음은 내가 너를 이기고 말 거야 하는 우스운 맘은 아니었는데 눈이 내려도 가지가 말라도 우리 입 안에는 봄이란 게 있어야 해요. 실은 그보다 안쪽에 있겠지요.

가까운 마음

내가 좋아하는 시인은
마흔 살이 되자 벌레가 온몸을 갉아먹는 꿈을 꾸었다고 말했다

누군가는 그에게 비극적 세계관이라 칭하였다

나는 글자 밖을 맴도는 마음으로 작은 항변을 단다

마음이 삭을 때
내 마음이 그렇다고 말하는 사람들은 맑기에
자신이 흐트러진 것도 부서지는 것도 잘 보는 것이리라

사람을 알고 나서는
갉아먹힌다는 자의 괴로움이 먼저 보인다
그리하여 나의 밤 하나쯤은 누군가의 더 나은 아침을 빌기도 하는 것이다

보이지 않는 곳에서

꽃잎이 피어나는 움직임도
오므라지고 수그러드는 움직임도
개폐의 시간을 두 눈으로 본 적이 없으나

날이 새면 피어있었고
이미 져 있었다

확인 받지 않는 시간에도
누구에게나 움직임은 있는 거라
그 움직임은 온몸의 것이야

가치

오랜만에 알게 되었다 우리는
자연의 질서 안에서도 태어났고
동시에 사회 안에서도 태어났고
○○주의 각종 사조와 체제 안에서도 태어났고

우리는 태생이 여럿
분리감을 다루며 걷는다

마음껏 풍요로울 수 있는 곳은
자연히 생겨난 내면이었다
광활하고 온화한 장면 속

그러면 한 발은 구조 바깥으로 빼내어
그 틈으로 무해한 숨이 들어오는 일
그렇게 호흡을 고르고 나면 할 수 있는 일이 많아져
질서 밖에 있는 마음들을 내다 버리지 않기로 했다

오롯한 나를 잘 데리고 시스템 안으로 가는 길
건강한 방식으로 틈을 만드는 사람들을 볼 수도 있었다
구조는 아주 느리게 틈을 벌린다
가치를 지켜야 틈이 틈인 줄을 안다

연대

누군가 지그재그로 빠르게 걸을 때
나는 모서리를 감싸 안고 뭉근히 녹여
곡선으로 걸으려고 애썼다

그런데 우리의 목적지가 같아서
우리는 서로의 모양을 비웃지 않았다
다만 이따금씩 이마에 손을 짚었다

결국 우리는 모두 선이어서
서로를 미워할 수는 없는 거야
나는 너의 날카로움이 필요하고
너는 나의 부드러움이 필요한 거야

우리는 목소리를 찾아가고 있었다
살아있는 것들이 살아갈 수 있기를 바라며
막혔던 목소리를 그래서 결국
우리의 목소리여야 하는 것을

4월

바다가 무서워
그곳에 사람이 울까봐
사람이 무서워
그곳에 싫증을 낼까봐
어떤 죽음은 원인조차도 느낌의 공동체
공중에 흩어지는 무언의 마음이 나의 작은 책임

당위에서 시작된 슬픔도
인간을 인간답게 만들 수 있다고
어떤 글은 말한다

한 날 모였던 목소리가
제각각의 삶으로 금세 흘러간다 해도
바다는 어제보다 오늘,
홀로 무섭지 않기를 바라는 마음으로

어느 연인

우리는 서로에게 가장 넓었고 가장 좁았으며
좁은 것 앞에서 가장 깊게 반성했다

깊은 곳에 놀이터를 만들고
다양한 애착의 놀이를 만들었다
그곳이 오랜 터전이었고
뛰놀다 다치면 일으키는 것도 서로였다

놀이터를 등지는 날
유년시절이 사라지는 기분으로
뒤틀린 방향이 바른 방향이라는 합리화로 걸었다

시간이 서서히 누웠고
우리는 밀려나는 힘으로 나아갔다

옳다 그르다 누구도 소리 내어 이야기하지 못한다
다만 우리가 종종 무너지던 자리에서
일어나고 일으키며 서로를 키웠기에
당신과 내가 용감하고 조심스럽게
문 닫은 그 시절만을 믿는다

아픈 손가락

1
우리는 누구나 아픈 손가락 하나를 지고
어쩌면 그리움과 보호
그러나 곁에 붙이고 있을 모양새는 영 아닌 것
그래서 뒤돌아 보는 것

2
아픈 손가락을 연민하지 않아도
제 각각의 소란스러움과 행복의 모양을
찾으며 지나갈 거라는 걸
나의 손바닥은 한동안 알지 못했다
알고 나서는 오히려
설컹거리는 서운함이 생겨났는지도 모른다

강이 우는 소리

강이 흐르는 동안
나는 당신을 바라보았네

따라 흐를 수 없는 마음이 되어
내 안에 강이 우는 소리를 들었네

내 속에서 그 소리들이 모두 흘러나왔을 때
나는 내가 흘러온 물길을 그제서야 보았지

그 시간동안
나는 당신을 흐르게 할 수 있었어
바람이 되고 햇살이 되어
모든 '곁'이 되었지

모든 사람의 마음 안에
강이 우는 소리가 있어
기꺼이 당신을 위해 우는 마음이 있어

우리는
누군가 보낸 무언의 기도 안에서
곁이 되어준 사람들 속에 싸여
흐르고 있어

시간과 나 사이에도

시간과 나 사이에도
덕이 있어

시간과 나 사이에도
문이 있어

나는 시간의 문을 열기로 다짐을 하고
아침이 되면 문을 개운하게 열었다가
저녁이 오면 조금 주저앉고 말았다

시간이 나를 지나쳐가면
밤은 덜컥 오고야 말아
그러나 그 밤에는 기어코
시간의 문고리를 고쳐 잡고 잠이 들었다

그렇게
시간과 나 사이에도
덕이 쌓여

나무를 심고 걸었다

눈이 그치는 날
나무 한 그루를 심어두고
그곳으로부터 멀어지는 방향으로 걸었다
나무 옆에 있을 수 없는 처지가 되어
나무를 꼭 심어두고 걸었다

돌아갈 이정표인지
이제 떠난다는 표식인지
알지 못한 채로
마음 한 켠을 둔 채로
걷기 시작했다

시간은 마음을 거두어가겠지
알아채지 못할 만큼
느리고 흐리게 어물쩡거리며

상실의 시간을 통과해온 우리는 또
시간이 상처를 이긴 것처럼 떠들겠지만
나무는 옹이를 몸에 품고 서 있다

제각각 옹이를 품은 나무들이
서로를 껴안고 겨울을 덮어주며 새날을 찾아간다

행복의 총체

나의 행복은 나를 닮아 손이 두 개입니다
즐거움과 슬픔의 손을 잡고 나는 걸어요
한 손이 자랑하듯 손바닥을 펼치면
금세 다른 손이 주눅 들기도 합니다

슬픔이 즐거움을 주눅들게 하는 일도
즐거움이 슬픔에 손쉽게 고개 돌리는 일도
남의 손 보듯 쳐내는 게 아파서
나는 두 손을 모두 잡고 걸어요
두 손을 잡으면 오묘한 하나가 돼요

민들레 마냥

자신의 가장 여리고 부드러운 결을 한 움큼 꺼내
누군가의 앞에 쪼그리고 앉아
올려다보는 아이를 보았다
상처받는 일은 안중에도 없다는 듯

호기심과 애정으로 마음을 채운 아이는
날아가기 전의 부푼 마음으로
진짜 숨을 틔우고

무정하게 걸어온 사람이
작은 입말로 훅- 부니
마음의 씨앗은 무색하게 흩어지는데

또다시
새로운 공중으로 날아가는
새로운 공허를 지나야 하는
씨앗들은 상처받는 일을 모르지 않고
다만 다음 땅에 피어날 것을 **믿는 마음**

또다시
한 움큼 꺼내 놓은 여린 송이는
내가 모르던 내공 있는 출발

가두지 않을 약속

당신을 사랑하기 이전에 사랑해오던 것들이 있다. 어떤 것들은 우리가 바라보는 쪽에 걸어두고 내가 이것을 좋아한다고 자랑했다. 당신의 반응에 나의 것들이 들쑥날쑥거린다. 어떤 것들은 한 켠으로 치워졌다. 내가 좋아해오던 일들을 한참 동안 끌어안지 못했다. 나의 방구석에 넣어버린 일들을 하나씩 풀어서 너에게 보여주는 날들이 늘어난다. 우리가 이제야 교감을 하고 있다는 증거다. 내가 너의 시선에 갇히지 않는다는 뜻이고, 나도 나의 시선 속에 너를 가두지 않을 약속을 하는 것이다.

'우리'의 관계

한 사람의 세계가 있다
세 사람이 모였다
그러나 결코 세계는
세 사람의 합이 아니다

우리의 세계를 이으면
허공이 우리의 땅이 되고
우리는 더 넓은 곳을 걷는다

그렇게 세계는 넓어진다
불모지에 관심을 얹고
다정함을 실천하게 하는 것
'우리'의 관계
그것이 내 세계의 무수히 많은 일부

걷는 방향

내가 나를 밟으며 늘어지는 날
너는 너의 세계에서 햇살 한 줌 쥐고 온다
그러면 그림자가 사라질 거야

그러나 나의 그림자는
웃고 우는 것을 구분하지 못하여
사라지지 않는다

그러나 그림자를 향해 있던 몸을 돌리면
나는 더 이상 내 그림자를 밟지 않는 방향으로 걸을 수 있다

그러니까 네가 쥐고 온 햇살 한줌은
고독을 뿌리 뽑으려는 게 아니라 새 방향이구나

우리가 영원히 시소 위에 앉는다

나와 당신은 서로 더 나은 것도 못난 것도 아니다
그때 우리가 만들어졌다
어느 날은 심술궂은 내가 피해의식을 이기지 못하고
너보다 못난 나를 만든다
어느 날은 무심한 네가 가꾸지 않는
너의 정원을 보고 나보다 못난 너로 만든다
그때 우리는 휘청인다

우리가 영원히 시소 위에 앉는다
자꾸 휘청이는 마음이 영원히 그 위에 앉는다

우리는 발끝에 힘을 주며 평생
흔들려야 하는 숙명을 치명적으로 받아들이며 살까

당신이 무거워져 내려가는 날에
올라선 내가 함께 힘을 주면 된다고
평온을 직접 만드는 사람들로 살까

내가 무거워 내려가는 날에
당신은 자리를 조율하여
무게를 나란히 하고

그 찰나의 평온 속에서
앞으로도 휘청거릴 우리의 시소를
벗어나지 말아달라고 부디
이 움직임을 눈감고 일어나
휙
한 사람의 바닥을 찢는
시소의 섣부름을 막아보자고

마음의 꼬리

어느 때 당신을 조금 미워하기도 했지만
나는 알고 있다 우리가 대화를 하고
내가 당신의 궤도를 귀로 쓸어 담으면
결코 미움으로 치닫지 않으리라는 걸
깊이 알지 못하면 미워하기도 쉽지

못난 내가 집으로 슥 들어오면
열심히 삐져나온 마음결을 헤아리고
내가 오늘 가장 못난 구석을 보았구나
나도 당신도 수치스러울 뿐이야
내일은 수치의 주변을 맴돌다
더 나은 마음을 들고나갈 거라는 걸
그리하여 우리는 내일 다시 얼굴을 보자

선하고 단단한 대화

말이 넘나드는 곳에서
향이 코끝을 너울거리는 기분이 들어

당신 안에 심긴 식물이
해와 바람을 적당히 받아
단련된 조화로움을 풍기는구나
주기를 돌아 또다시
새로 내미는 연한 잎과
여러 방향 갖기를 두려워 않는 마음의 끝촉
바람 따라 흔들리는 법은
여전히 모르지만 흔들리기를 그만두지 않네
말하지 않아도 당신의 흙이 비옥하구나

말이 넘나드는 곳에서
내게도 힘이 생긋 도는
값비싼 짐작을 하였지

소란을 피우며 살아요

사연 많은 당신이 가여워
이 가여움은 동정이 되어 기분이 상할 수 있겠지
그냥 나는 백지처럼 종알종알거리고 싶다
백지가 될 때까지 종알거리고 싶다

밤이 긴 사람에게 아침을 덜어주고 싶고
홀로 사는 사람 앞에 가 웃으면
그가 혹시 모르는 호기심으로
흘끗거리다
소란스러운 이곳에 잠시
건너올 채비를 한다면야
나는 하루 종일 종알거리고 싶다

그렇게 '우리'가 되면
먹먹한 검은 종이 말고
희고 고운 백지처럼 소란을 피우며 살아요

혼자가 아닌 곳

어느날 비가 많이 내리면 우리는 곧잘
비가 내리는 슬픈 밤
슬픈 비가 내리는 밤
그렇게 나만 아는 밤으로 둔갑시켰다

나만 아는 밤을 적어내면
혼자만 아는 밤은 끝내 없어서
그 밤을 읽고 내게 끄덕여주는 이들이 있었다
우리는 각자의 밤을 지나왔지만
그리 먼 사이는 아니군요

이 밤 비가 두둑이 오고 바람이 후하다
누군가에게도 이 바람이 가고 있다

사랑으로의 수렴

마음이 모든 계절의 요란함을 지나면
굴곡을 품고 사랑으로 수렴한다

푸른 하늘에 걸린 이파리의 생기로
잘 익은 하루의 빛
노곤한 밤의 어귀에 이는 실바람으로

회한과 고통을 품은 사랑의 긴 호흡이
영롱하게 빛나다
만물의 모습으로 돌아간다

사랑은 자주 얼굴을 바꾸었지
제자리에 돌아와 그것을 눈치채는 데
시간이 걸렸을 뿐이야

글이 없는 곳

글을 쓰다가도 이 글을 다 지우고 싶은 시간이 온다
'낮'과 '밤'의 경계는 말이 만들었고
자연은 말이 없었다
실로 뚜렷한 경계는 보이지 않고
고요히 움직이며 흘러 넘어가고 있었다
글과 말의 아름다움이 조악함과 섞여들어
나를 어지럽히면
자연의 흐름을 더욱 아낄 수밖에 없어
진실로 아끼는 장소는
눈에 보이는 것보다 단순한 곳

우리가 웃기까지

그가 한껏 웃을 때
너머에는 눈에 띄지 않는 언덕과
조금씩 파인 홈이 있어

그곳을 지나는 감정의 사투에
기꺼이 임하는 사람들을 사랑하였다

그는 마치 언덕을 잊은 것처럼 웃고는
또 다시 파인 홈으로 갈 채비를 했는데
그는 그곳을 잘 걸어갈 것만 같았다

동그란 시간을 그가 걸어간다
그가 전진하는 동안
그에게로 돌아가고 있다

고작 시 몇 줄이

나는 거듭 엄마의 오랜 책장에서
누렇게 바랜 책들을 집어 든다

몇 자 적혀있던 박재삼의 시집을 들고
시간의 고리를 돌아
멀찍이 떨어진 나의 저녁을
옛 저녁에 누인다

고작 시 몇 줄이 역설을 풀어내면
아름다움이 깊이를 모두 채우고 흘러서
숨이 커지고 마는데
그럴 때는 호흡이 반짝인다는 것을 알지

오래 볼 것들

우리가 오래 볼 수 있는 것은
달무리
물결의 흐름
팔랑이는 나뭇잎에 서린 빛

그러나 때로는 그것마저
가리고 소용돌이 치도록 하는 것이
하늘이다

그러나 새로 채운 달빛과
한 곡절 돌아 흐르는 물
다시 나온 이파리 생기를
창창히 떨치는 것이 이곳의 질서다

소중한 것은 오래도록
곱게 마음을 가져
열정을 가져
순서를 알고 다시 나온다
그것은 사치가 아니므로

짧은 소설 1

적당함에 대하여

그들의 집에 초대받은 건 오래전 일이다. 승우와 혜영은 기어코 숲이 우거진 곳 가까이에 집을 짓고 이사를 했다. 아마 이미 여러 명의 지인들이 그들의 초대에 응했으며, 그 집에 다녀갔을 것이다. 그러나 나는 한동안 초대에 대한 응답을 미뤄둘 수밖에 없었다.

*

나는 집 앞 너른 마당 한편에 차를 댔다. 바퀴가 흙에 굴러 짜글거리는 소리가 귓가에 남았고, 나는 시동을 끄고 잠시 차 안에 그대로 앉아 크게 쉼호흡을 했다. 차에서 나와 문을 닫고 불현듯 흐트러진 머리를 손으로 쓸어 묶었다. 건조한 머리칼이 느껴졌다. 자동차 창문에 얼핏 비춰 보고 어색한 미소를 머금고 집 앞으로 걸어갔다. 속에서 이상하게 뜨거운 기운이 훅 올라왔다. 친구들과 섞여서 만난 적은 꽤 있었지만 셋이 만나는 건 드문 일이다. 승우는 오래 본 친구라 긴장할 이유가 없었지만 혜영과 승우를 나란히 보는 일은 조금 달랐다.

그들의 집은 거창하게 크지도 않고 그렇다고 작지도 않았다. 적당했다. 마치 그들의 삶의 방식처럼 참 적당하다고 생각했다. 나는 커다란 그림 앞에서 사색에 빠진 사람처럼 미동 없이 집의 전경을 바라봤다. 그들의 정돈된 인생을 바라보는 동안 속에서는 엷은 쓸쓸함이 일어나기도 했다. 그러나 묘하게도 그게 전부는 아니었다. 커다란 그림 앞에 선 사람은 어느 순간 그 앞에서 자신의 존재를 인정받기도 하는 것이다. 그때 비로소 새로운 관계가 형성되기 시작한다.

"왔어? 드디어 와주네. 안 들어오고 뭐해?"

차 소리를 들었는지 문을 열고 혜영이 튀어나왔다. 밝은 혜영의 목소리에 나는 감상에서 훅 빠져나왔다. 그녀는 맨 얼굴에 편한 옷차림을 하고 있었다. 손님을 위해 자신을 과장하지 않는 균형감이 절묘했다. 내게 눈을 맞추며 웃었고 집 안으로 안내하면서 자연스럽게 내 어깨를 감쌌다. 나에게 그런 제스처는 자연스러운 일이 아니었지만 나는 혜영의 방식을 좋아했다. 나는 동경하는 대상을 향한 수줍음을 느끼고 있었다. 늦게 와서 미안하다는 말과 어색한 웃음으로 인사를 대신하며 함께 대문으로 들어섰다.

앞치마를 한 승우가 요리의 불을 조절하면서 고개를 우리 쪽으로 돌려 인사했다. 승우에게는 정말 반가울 때 나오는 그 특유의 씰룩거리는 표정이 있다. "뭐 하느라 그렇게 바빴냐? 서운해." 하고 사람 좋아 보이는 웃음을 지었다.

"그러게. 이것저것 신경 쓸 일이 많았어. 미안해."

나는 말끝을 늘이면서 대답했다. 그러나 그의 서운함은 전혀 무거운 것이 아니었는지 나의 허기를 묻는 질문으로 금세 화제가 넘어갔다. 승우를 알고 지낸 대학생 때부터 서운함이 짧은 게 그의 성격에서 큰 장점이었지만 더러 그 장점때문에 다른 사람들이 서운함을 느끼는 경우도 있었다. 서로에게 바라는 친밀함을 정도가 다를 때는 늘 감정의 꼬리가 긴 쪽이 상처받기 마련이다. 스스로 늘린 꼬리는 자신을 다치게 하기도 한다. 대체로 승우는 스스로를 다치게 하는 성격이 아니었고 금세 무언가에 열중하는 타입이었다. 내게 말을 걸고 금세 다시 요리에 집중하는 모습도 그랬다. 부엌이라는 공간에 그가 꽉 차 있다는 느낌이 들었다.

 기다리는 동안 혜영은 내게 집을 둘러보게 해주었다. 나는 그녀를 따라다니기 위해 한 발짝 뒤에 서서 부엌으로부터 몸을 돌려 거실 쪽으로 고개를 뺐다. 그녀의 몸이 신나서 걸어가더니 문을 열고 밖으로 나갔다. 조명등이 켜진 현관문 앞에 내가 잠시 멀뚱히 서자 그녀가 나의 팔을 이끌고 밖으로 데리고 갔다. 집 구경은 집의 주변부터 시작해야 한다는 게 그녀만의 질서였다. 제 질서를 가진 사람이 이만큼 유연하다는 데에 질투가 났다. 우리는 앞 마당에서부터 산책하기 좋게 집 뒤쪽으로 쭉 이어진 숲길을 빙 둘러서 함께 걸었다. 걷는 동안 나는 혜영의 옷차림과 걸음걸이의 리듬, 그런 것들을 흘끗 훔쳐 봤다. 혜영은 나의 시선을 알고 우월감을 느꼈다가 그것에 놀라는지 조금 부자연스러운 숨을 내뱉었다. 그 뒤로 잔호흡이 이어지는 동안 우리는 점차 편안해졌다. 나는 그녀를 훔쳐보지 않았고, 그녀도 우월감을 느끼지 않았다. 숲길은 그들의 소유물이 아니있는데도 왠지 그들의 것처럼 여겨졌다. 혜영의 표정에는 무언가를 많이 누릴 수 있는 사람만의 풍부한 낯빛이 있었기 때문이다.

 뒤쪽 길로 올라가 걷다 보니 나무 사이로 또 다른 나무들의 사이가 보였고, 그 사이로 저녁 어스름의 빛이 들어왔다. 그때 나는 마음이 한껏 편해져서 앞서가던 혜영의 팔을 당겨 옆에 나란히 서게 하고는 나무 사이로 들어오는 빛을 조금 더 오래 보았다. 혜영도 왜인지 알겠다는 듯 아무 말 없이 옆을 지켜주었다.

 내가 말을 꺼냈다.

 "이 사이로 바다가 보이면 진짜 좋을 것 같지 않아?"

 "응 정말. 근데 안 보여도 충분히 좋아."

혜영의 정갈한 대답에 나는 잠시 멈췄다가 느리게 고개를 끄덕이고 혜영의 팔에 살짝 팔짱을 꼈다. 적당한 허기와 6월 저녁의 기분 좋은 바람이 나를 그들의 적당한 삶 안으로 훅 데려가고 있었다. 내가 혜영과 이만큼 편안한 사이가 됐다는 건 그녀가 승우에게 참 잘 어울리는 사람이라는 증거이기도 했다.

*

우리 세 사람은 둥근 테이블에 둘러앉았다. 승우가 오늘 저녁 메뉴를 하나하나 짚어가며 열심히 설명해주기 시작했는데, 나는 배가 고파 일장연설을 모두 귀담아 들을 여력이 되지 않았다. 혜영은 승우에게 칭찬을 한가득 해주면서 "잘 먹겠습니다!" 하는 말로 그의 말을 잘라냈다. 승우아 친구로 알고 지낸 게 더 오래인데도 혜영이 내 마음을 더 잘 알고 있었다. 십오 분간은 세 사람 모두 말없이 먹는 일에 집중했다. 배를 조금 채우고 나서야 셋 다 그 상황에 대해 웃음을 터뜨렸다. 그리고나서 내가 먼저 말을 이었다.

"너네 집 지은 거 듣고 내가 다 기분 좋더라. 잘 어울려. 뜬금없는 소식이 아니라."

"와 진짜 기분 좋은 말인데?" 입 한가득 샐러드를 가져다 먹고 있던 승우가 눈을 동그랗게 뜨면서 대답했다. 그 틈에 그가 흘린 걸 혜영이 자연스럽게 훔치듯 닦으면서 동시에 내게 말했다.

"그니까. 너무 고맙다. 사실 쉽지만은 않더라고. 은근히 샘내는 사람들도 있었고. 공사하느라 애먹은 것도 좀 있고."

나도 모르게 미간에 힘이 들어갔다. 그들은 늘 눈앞에 아른거리는 듯이 집 이야기를 하곤 했다. 특히 나는 승우의 이야기를 많이 들었다. 그리고 그녀도 승우의 집 이야기를 자주 들으며 그 풍경 안에 자신의 자리를 꿈꿨을 것이다. 어쩌면 혜영의 성격대로라면 자신의 공간을 먼저 주체적으로 상상하고 승우에게 양해를 구했을지도 모른다. 어찌 됐든

이들이 오랫동안 가져온 꿈이라는 것을 알면서도 이 일을 시샘하는 사람들이 있다는 사실이 놀라웠다. 동시에 무언가 들킨 듯 속이 화한 느낌이 들었다. 그런 사람들도 있었구나- 느리게 말하고 그들을 다시 보니, 혜영의 눈이 투명하고 아파 보였다. 혜영의 눈빛이 무너진 순간 내 안에서도 무언가 스러지는 느낌이 들었다. 아마 그들 성정에 적잖이 상처를 입었으리라. 우리 세 사람은 잠시 침묵 속에 있었다. 그 자리에서 혜영의 표정을 보고 있자니 나도 그대로 울 것만 같았다.

"이제 괜찮아. 자잘한 미움에 골몰하지 않으려고."

혜영이 차분한 소리로 말했다. 그들은 필요 이상으로 그 이야기를 꺼내어 깊게 파고들지 않았다. 옆에서 승우는 유리그릇을 만지듯 그녀의 어깨를 작게 쓰다듬었다. 자신의 연약함을 드러내어 깨질 것 같은 사람에게는 깨지지 않도록 막아줄 만한 사람이 오는 듯 했다. 혜영은 싱긋 웃으면서 간지럽다며 털어내고 장난스레 그의 손을 한 번 세게 쥐었다 풀었다. 생각지도 못한 곳에서 생겨난 말과 남의 삶을 평가하는 잣대들에 그들의 마음은 한 번쯤 크게 흔들렸을 것이다. 어느 순간의 나도 마음 속에서 그들을 흔들고 있었을지도 모른다. 그러나 그들은 마음이 모난 구석으로 떠밀려 산 순간에도 중심을 잘 삽고 있었다. 그 중심에 두 사람이 주고받는 말과 눈빛이 온기를 잃지 않은 채 있었다. 그 온기 앞에서 나의 마음도 수그러들었다.

*

식사를 마치고 식탁을 대충 치워 두고 거실에 놓인 테이블로 자리를 옮겼다. 저녁 시간이 지나서 밖이 컴컴했지만 오후 네 시쯤이면 익은 햇살이 기분 좋게 들어올 만한 자리에 긴 테이블이 놓여 있었다. 소파를 한편에 작게 두고 거실에 큰 테이블을 놓는 건 두 사람 모두의 의견이었다. 테이블에 따뜻한 차 두 잔과 커피 한 잔을 두고 그들은 나란히 앉았다. 커피는 혜영의 것이었는데 승우는 여전히 저녁식사 후에 커피를 마시는 혜영을 이해할 수 없다고 했다. 그러나 굳이 이해해야 하는 영역도 아니었기에 그대로 두었다. 잘 어울리는 둘 사이에 무심한 영역이 놓여 있었다. 잠시 후에 승우는 그녀의 커피를 한 모금 홀짝거렸다. 무심한 영역에 승우가 잠시 들렀다 가면 혜영은 황당함과 흡족함이 섞인 표정으로 승우를 쿡 찔렀다. 관계의 무심함 속에서 그들은 무사했다.

　나는 차를 한 입 마시고 입에 따듯한 기운을 머금고 일어나서 테이블 앞에 놓인 책장으로 갔다. 그때 혜영은 핸드폰을 확인하더니 전화할 곳이 있다며 양해를 구했다. 나는 가볍게 고개를 두어 번 끄덕이고 다녀오라고 손짓했다. 그녀가 전화를 붙잡고 부엌을 지나쳐 구석에 있는 방으로 들어갔다. 눈으로 뒷모습을 좇다가 나는 다시 책장을 바라보고 섰다. 조금씩 비어 있는 긴마디 받침으로 받쳐져 있어 옆으로 비스듬히 누운 책이 하나도 없었다. '정갈하다.' 이렇게 책을 꽂은 사람은 틀림없이 승우일 것이다. 나는 먼 기억을 어루만지는 사람처럼 가만히 생각했다. 내가 이전부터 알고 있던 승우는 오늘 이 집에서 만난 승우의 존재감과는 다르다. 그는 여전히 같은 사람이었지만 내가 그를 보는 방식이 변해 있었다. 이 사실을 말끔하게 알고 있는 나라서 다행이라고 생각했다. 책장에는 책이 꽤 많이 꽂혀 있었고, 나는 한참동안 큼지막한 제목들을 훑었다. 그러다 승우가 앉은 쪽으로 몸을 틀고 말했다.

　"혜영이 멋있는 것 같아. 너네 둘도 오랜만에 보니까 잘 어울리고 보기 좋다. 이 집에 있으니까 더 그런가."

　나의 말에 승우는 눈을 보며 대답했다.

　"진짜 고마워."

　내가 참 많이 걸려 넘어진 눈이다. 사람에게 있어서 빛이 새어 나오는 곳은 눈이다. 뇌리에 오래 남는 눈빛들이 있었다. 그 눈빛이 정착하는 곳이 나라는 과거의 착각과 미끄러져버린 애정들이 머릿속에 스쳤다. 그러나 이제 그곳에 씁쓸함은 없었다.

아까 혜영과 같이 바라보던 나무 사이를 떠올렸다. 그 사이로 들어오던 기분 좋은 빛을 생각했다. 혜영과 승우의 사이를 떠올렸다. 거리낌 없는 마음과 눈으로 그들을 더 오래 만날 수 있게 되었다. 진짜 고맙다는 승우의 말은 진심이었다. 그와 나의 마음이 동시에 편안해진다는 건 진심이 전해질 때만 가능한 일이었다. 일부러 자리를 비워준 혜영의 넉넉하고도 민감한 마음도 충분히 알 수 있었기에 나는 일부러 가볍게 장난을 쳤다. 비스듬히 누운 책이 하나도 없는 무섭게 정갈한 책장을 가리키며 그를 놀렸다.

　내게 일어났던 자잘한 감정을 긴 호흡으로 천천히 삼키고 나서야 오래 볼 수 있는 사이가 늘어났다. 승우와 혜영은 서로의 모난 부분을 누그러트리며 감정의 느긋함을 배우고 있는 듯했고 나는 그들을 바라보며 무언가를 배웠다. 때로는 입 밖으로 나오지 못하는 마음도 있다. 그리고 입밖으로 꺼내지 않고도 마음을 다룰 줄 아는 사람들도 있다. 어떤 감정은 몸에 들어가 아픔이 되고, 소화가 잘 된 감정은 사람을 더 견고하게 만들어 주기도 한다. 감정을 잘 소화시킨 사람들은 편안한 표정을 짓고 있었다. 혜영은 통화를 마치고 자리로 돌아왔다. 그 사이에 차가 적당히 식어 있었다.

짧은 소설 2

파도는 이곳에

1

 파도의 크기를 가늠하는 일은 명확하지 않은 일이다. 크게 울렁이는 모양새를 보고 온다 온다 하고 잔뜩 긴장을 하면 코앞까지 와서 작게 변해 버리기 일쑤다. 그러나 어떤 파도는 느리고 조용하게 오면서도 조금 두려울 만한 크기로 불어난다.

 '물속으로 들어가.'
 나도 모르게 읊조렸다. 거리가 꽤 떨어져 있었기에 내 목소리가 들릴 턱이 없었다. 목청껏 소리를 지른다면 모를까. 예상보다 큰 파도가 오고 있었다. 그러나 그곳에 있던 아이는 무슨 생각을 하는지 고개를 들고 몸을 조금 움츠리고만 있었다. 파도가 아이의 앞까지 왔을 때 나는 눈을 감아버렸다. 멀리서 정면으로 보고 있자니 소녀가 파도에 휘말릴 때의 고통을 이어받는 기분이 들어서 나도 모르게 눈이 질끈 감겼다. 눈을 감으면 생기는 검은 공간 안에서 소녀를 위해 기도했다. 알지도 못하는 아이를 위해 갑자기 이곳에 멈춰서서 마음속으로 기도를 하는 모습은

뭘까 하는 생각이 나중에야 들었지만 나와는 먼 존재를 위해 주의를 집중하는 짧은 순간들은 언제나 있었다. 아주 흔한 일은 아니지만 이따금씩 마음이 기우는 장소와 사람이 있기 마련이다.

　나는 달려가서 도와줘야 하나 싶어 발을 멈칫멈칫했다. 해변이 꽤 길어서 간간이 아침 수영을 즐기는 사람들도 보였다. 나는 해안가 뒤로 길게 물러난 곳에 자라는 해송 사이를 걸으며 바다를 둘러보았고 그중에서도 그 소녀를 보고 있었다. 요 며칠 바다에 내려와 있는 사이 매일 아침 산책길에 저 아이를 보았다. 오늘이 나흘째다. 어쩜 애가 매일 아침 혼자 나와서 바닷물에 들어가 있을 수 있는지. 얼핏 보아 중학생쯤 돼 보였는데 만약 더 어린 아이였다면 가까이 가서 안전을 살폈을지도 모르겠다. 내가 머뭇거리는 동안 파도는 한 순환을 다 토해내고 어물쩍 물러가고 있었다. 아이가 짠물을 잔뜩 마셨는지 괴로운 표정으로 물 위로 고개를 들었다. 사실 표정은 잘 보이지 않았지만, 팔다리를 허둥대면서 연신 얼굴을 쓸어 바닷물을 닦아내는 몸짓이 보였다. 나 역시 파도에 휘말리는 고약한 기분을 알고 있다. 파도가 왔다가 가는 그 짧은 한 텀 동안 몸뚱이가 위아래 구분할 것 없이 여러 번 뒤집히고 나서 눈을 뜨면 무차별적으로 몸에 들이닥친 짠물이 콧물로 줄줄 새어 나온다. 그때는 콧잔등을 구기고 온몸에 들이닥친 짠 기운을 빼내는 게 내가 할 수 있는 전부다.

　소녀가 파도에 된통 당한 이후에 물가로 나와서 바다를 향해 앉았다. 혼자 아침 바다에 뛰놀던 작은 아이가 거친 물살에 놀랐을 생각을 하니 그 뒷모습이 꽤 쓸쓸해 보였다. 저 아이는 무슨 사연이 있을까 궁금해졌다. 그러나 남의 쓸쓸함을 지나치게 상상하고 연민에 떠는 일도 이제는 조금 줄여야 했다. 걱정하는 나의 존재를 아이가 알면 고마워하기보다는 기분 상해할 수도 있었다. 그러나 내가 아이에게 품었던 연민의 진짜 마음은 '네 상황이 나보다 못해서'가 아니라 '네가 겪었을 슬픔에 내 마음도 얼마쯤 같이 아파서'였다. 아이의 뒷모습에서 보인 쓸쓸함은 내 기억 너머를 건드리고 있었다. 기억 너머에 살고 있는 어린 나는 누군가에게 위로 받고 싶었지만, 동정을 원하지는 않았구나. 아이의 모습에 나를 비추어 보며 생각에 잠겨 있다가 하마터면 넘어질 뻔했다. 유난히 흙이 얕은 곳에 돌부리가 있었다. 정신이 퍼뜩 들어서 아이를 한 번 더 쳐다보고는 나도 다시 걸음을 옮겼다.

2

강이는 집에 돌아와 짠물을 머금어 무거워진 옷가지들을 벗어내고 샤워를 했다. 몸이 오싹하다 싶을 만큼 찬물만 나오는 집이었다. 여름에는 늘 그랬다. 강이는 숨을 참고 재빠르게 물 칠을 했는데 얼음장 같은 물에 정신이 아찔하기까지 했다. 자기도 모르게 입을 벌리고 억 소리를 내며 재빨리 수건으로 몸을 훔치고 옷을 입었다. 쨍하게 차가운 느낌이 서서히 가시고 나면 상쾌하고 깨끗한 느낌이 들고 이내 노곤해진다. 이 시간만큼은 아무 생각도 떠올리지 않았다. 며칠 내내 강이는 아침 일찍 일어나 바닷물에 뛰어들어갔고 그 온도에 적응할 때쯤이면 다시 집으로 돌아와 찬물에 샤워를 했다. 그리고 나면 체온이 서서히 올라와 몸이 노곤해지고 하루 속에 또 다른 하루가 끝난 기분이 들었다. 이 모든 움직임이 다 끝나도 고작 아침이었지만.

아침 일찍 바닷물에 들어가는 습관은 그리 오래되지 않았다. 그건 혼자서 엄마를 생각하는 일이었다. 아빠조차도 그 마음을 알지 못할 거라고 강이는 생각했다. 둘은 서로 다른 모양새로 엄마를 보내는 일을 하고 있었지만 강이는 아빠 나름의 방법을 이해할 수 있는 나이는 아니었다. 때문에 강이에게는 혼자 있는 시간이 많아졌다. 아빠는 딸을 걱정했지만 그 외의 양육법을 잘 알지 못했다. 딸의 기분을 묻고 다정히 쓰다듬기에는 부족한 사이가 되어버렸고, 강이는 더 이상 어리광 피울 보호자가 없다는 걸 아는 듯 혼자 보내는 시간에 익숙해졌다. 혼자 있는 시간에 익숙해진다는 건 외로움 속에 들어앉아 있거나 혹은 자유로워지거나 둘 중 하나였다. 엄마는 생전에 그 사실을 너무나 잘 알고 있었기에 딸이 바닷물에 익숙해지도록 해주었다. 엄마가 강이에게 남겨줄 수 있는 건 외로움의 시간을 자유로움을 느끼는 시간으로 바꿀 만한 무언가를 알려주는 일이었다. 가장 사랑하는 존재에게 외로움을 주고 가야만 할 때는 뭐든 그 대처방안을 주어야 했다. 그게 엄마의 생각이었다.

  강이와 아빠는 주기적으로 엄마의 고향이었던 바다로 와서 며칠씩 머물렀다. 여기는 관광객이 붐비는 곳은 아니라 꽤 한적했다. 이곳에 할아버지가 엄마에게 남기고 간 작은 집 한 채가 있었는데 엄마가 그 집을 팔지 않았던 것처럼 아빠와 강이도 그 집을 팔거나 허물 수 없었다. 사람에게 너무 큰 변화가 닥치면 우리는 어떤 것들은 꼭 변하지 않게 남겨두어야 했다. 그게 누군가를 기억하는 우직한 방식이었고, 무언가를 잃은 적 없이는 온전히 이해하기 힘든 방식이기도 했다. 그러나 사랑하는 사람을 잃고 나면 그 존재를 기억하는 자신만의 방식을 남에게 이해시킬 필요도 없어지고 또 그럴 여유도 없어진다. 그렇게 주변에 인가가 드물어질 때 집 하나가 여전히 남아있었다.

  강이의 방은 2층에 있는 천장이 낮은 방이다. 작은방 치고는 창이 꽤 크게 나 있고 특히 이른 아침에 방 안으로 들어오는 햇살은 아주 밝고 온화했다. 아침 바다를 훑고 나서 온몸이 나른해진 채로 햇살을 받으면 머릿속이 너무나 말끔한 나머지 뭐든 마음을 다잡고 할 수 있을 것

같았다. 지나온 밤이 말끔히 씻겨 내려갔다. 강이는 최대한 그 기분을 오랫동안 유지하려고 노력했다. 그 기분을 흠뻑 느끼고 아래층으로 내려가 아빠와 아침 식사를 하는 동안에는 아침에 바닷물에 몸을 담근 이야기와 오늘 내일의 날씨와 같은 평범한 이야기들을 늘어놓았다. 강이와 아빠는 간간이 웃었고 그러다 조용히 밥을 먹었다. 그 순환이 몇 번 반복되면 아침식사는 끝났다.

설거지를 하고 방으로 돌아가면 강이는 삐질삐질 눈물이 새어 나오다가 다시금 막막한 기분에 주저앉아 울었다. 속에서 울음이 치고 나올 때는 어찌할 방법이 없었다. 아침의 기분을 생각하며 최대한 침착해지려 했지만 아무 소용이 없을 때도 있다. 그럴 때마다 엄마가 적어준 쪽지를 약처럼 꺼내 읽었다. 엄마는 해가 지지 않는다는 문장은 사랑의 영역에서만 가능하다고 썼다. 아직 그 말을 이해할 수 없었지만 엄마가 작은 목소리로 힘을 최대한 아끼며 말하던 때를 기억한다. 그 순간 느꼈던, 사라질 것에 대한 예감이 다시 밀려와 마음이 시큰거렸다. 그날의 강이는 마음이 저리면 곧바로 눈물이 나와서 마음이랑 눈이 똑같냐고 물었다. 그때 엄마는 웃으면서 그렇다고 고개를 끄덕였지만 울고 있었다. 엄마와 강이는 서로에게 웃는 모습을 보여주려고 입을 바짝 올리면서 울었다. 강이는 이제 밖에서는 슬픔을 내비치지 않는 법을 알아가고 있었다. 마음과 눈이 얼마간 거리를 두었다. 엄마는 강이에게만은 지지 않는 해를 띄워주고 가겠다고 약속했었다. 날마다 해가 졌지만 강이는 그 말을 버리지 않았다. 근거가 없는 시간들을 때로는 그냥 믿어야 했다.

3

이튿날도 강이는 바다에 나갔다. 오늘 같은 날은 더욱더 바다에 가야 했다.

"물이 흘러가는 걸 자주 봐. 그 기분이 너한테 남을 거야."

엄마가 해준 말이다. 사랑하는 사람이 아플 때는 가장 약한 몸에서 나오는 문장들이 남은 이에게 닿아서 가장 강해진다. 그때 엄마는 자신이 문턱에 걸려 있지 않고 흘러가고 있다는 사실을 믿으려고 열심히 노력했을지도 모른다. 그리고 엄마가 다른 세상으로 넘어갔을 때 강이도 계속 흐르기 위한 노력을 해야 했다. 강이는 물결의 부드러운 흐름을 몸으로 맞으며 섰다. 사랑으로 만들어진 관계는 보이지 않는 땅 같아서 사라져도 설 수 있어야 한다. 바닷물은 처음에는 심장이 놀라도록 차갑지만 잠시 몸을 담그고 있으면 금세 따뜻한 느낌마저 들었다.

바람이 부는 날은 피도기 잦았다. 아빠는 바람이 신한 날에는 아침 바다에 나가지 못하게 했다. 오늘은 바람이 불긴했지만 위험할 정도는 아니어서 강이는 허락을 맡고 바다에 나왔다. 강이는 이제 파도를 넘을 때의 기분을 좋아하게 되었다. 엄마가 강이를 처음 바다에 데리고 왔을 때만 해도 크게 울렁이는 것들을 무서워하던 강이었다. 엄마는 끊임없이 흔들리는 물 안에서 자유로운 기분을 느낄 수 있다고 말했다. 강이는 엄마의 한 팔을 잡고 물 안에 오래 머무르는 연습을 했다. 작은 파도만이 넘나들 때 몸이 그 울렁임을 따라 한두 번씩 훅 떴고 그런 기분에 재미를 느끼기 시작했다.

오늘의 바다에는 크고 작은 파도가 잇달아 쳤다. 다가오는 파도의 크기를 정확하게 가늠할 수는 없었지만 이번에는 몸집이 제법 큰 파도가 오고 있었다. 얼핏 보아도 자신의 키보다 높은 것 같아서 강이는 크게 숨을 쉬었다. 파도가 오는 순간에 두려워 눈을 감아버리면 그곳에 언제 들어가야 하는지 감각할 수 없다. 몸으로 파도를 맞는 것은 머리로 때를 계산하다가 결국에는 몸의 감각으로 쑤욱 들어가는 일이다. 그 순간에 강이는 아무 생각도 하지 않았다. 딱 직전, 큰 파도를 맞기 직전까지만 생각을 했다. 큰 흔들림이 오면 그 안으로 들어가야 했다. 몸을 빳빳이 세우고 맞서 싸운다는 생각으로는 바다를 즐길 수 없다. 무서워 도망치는 속도로는 언제나 잡아 먹혔다. 그러면 어제 아침처럼 짠 물이 온몸으로 들이닥칠 것이다. 강이는 이제 엄마 없이 혼자 물에 들어가서 배우는 몸의 감각들을 늘려갔다.

강이는 몸에 힘을 빼고 파도를 바라보다가 바닥에서 발을 살짝 띄우면서 파도의 흐름에 몸을 넣었다. 물결이 몸에 맞게 너울거린다. 기분 좋은 울렁임이 몸의 주변을 휘감는다. 파도를 넘는 기분이란 게 그렇다. 가슴팍에 물결이 찰랑였다. 아침 공기가 시원하고 해수면은 광활하게 펼쳐져 있었다. 넓은 평면에 물결의 무늬가 가득했다. 모든 것이 요동치고 있었는데도 지금 이곳이 평온하다는 느낌이 들었다. 사랑하는 이의 죽음 후에 죄책감 없는 자유로움과 행복감. 엄마가 강이에게 남겨주고자 한 것이었다.

4

웬일인지 오늘은 더 일찍 눈이 떠졌다. 어제만 해도 힘겹게 일어나 의무감에 산책을 시작하던 나는 이제 조금씩 적응을 했는지 몸이 가벼웠다. 오늘도 바다에 그 아이가 나와있을까 궁금하기도 했다. 괜히 호기심이 일어서 가볍게 모자를 눌러쓰고 바닷가 쪽으로 나갔다. 나무 사이로 걸을까 하다가 오늘은 해변에 더 가까이 가서 모래사장을 걸었다. 바람이 꽤 부는 날인데도 아이는 어김없이 바다에 나와 있었고 왠지 반가운 기분까지 들었다. 아이가 편안한 표정으로 물속에서 움직이고 있었다. 어제의 걱정과 달리 내 마음도 얼마쯤 편안해지는 것을 느꼈다.

바람이 조금 거세지자 나는 별안간 파도가 세질 것이 걱정되기 시작했다. 그래서 아이가 있는 곳 가까이에 자리를 잡고 앉았다. 물가는 바람이 더 시원하게 불었다. 손으로 모래를 훑으며 앉아있는데 바닷바람에 모자가 벗겨져 날아갔다. 휙 날아서 바닷물 가까이로 굴러갔다. 내가 주우러 달려가자 그 옆으로 한 번 더 날아갔다. 괜히 민망한 마음이 들어 다시 모자를 잡으러 가는데 그 소녀가 바닷물에서 나오면서 모자를 주워 내게 가져다주었다.

"아 고마워-요."

괜히 친근한 느낌이 들어서 반말로 인사를 하다가 아차 싶어서 어색한 존댓말로 인사를 했다. 아이는 "아니에요." 하고 작게 웃고는 모래 위에 털썩 앉았다. 물기 때문에 모래의 색이 진해지고 있었다. 나도 잠깐 서 있다가 조금 거리를 두고 아까처럼 앉았다.

어색하게 앉아있다가 내가 먼저 말을 걸었다.

"산책하다가 우연히 봤는데 매일 수영하는 것 같던데."

아이가 대답했다.

"네. 매일 산책을 하세요?"

아이에게 무슨 사연이 있나 궁금해서 던진 질문이었는데 갑자기 내 쪽으로 대화가 떠넘겨지는 이 자연스러운 화법에 나는 적잖이 당황했다. 그러면서도 별 거리낌 없이 내 이야기를 할 수 있어서 이상하게 편안한 기분이 들었다. 대화가 오가는 중에 나는 자연스레 말을 놓고 부드러운 어조를 띠게 되었다. 아이는 열일곱이라고 했는데 체구가 작은 데다 말라서 그런지 기껏해야 중학생 쯤으로 보였다. 그럼에도 뭔가 단단하다는 느낌을 주는 아이였다. 나는 생일이 가까워오면 한적한 바다를 찾아다닌다는 이야기도 했다.

"엄마가 바다를 좋아하셨대. 내가 너무 어릴 때 돌아가셔서 나는 잘 모르긴 하는데. 그래서인지 생일날은 바다에 오고 싶더라고."

아이는 흠칫 놀라며 나를 쳐다보다가 다시 바다 쪽으로 고개를 돌렸다.

무언가 골똘히 생각하는 표정이었다.

"엄마가 없으면 아프잖아요."

별안간 그런 말을 내뱉었는데 그 순간 이 소녀가 나를 이해하고 있다는 느낌이 들어 웃을 수밖에 없었다. 오래전 일이라 괜찮다고 답했다. 어른이 되면서는 슬픔도 외로움도 아닌 결핍감을 종종 느꼈지만 익숙한 기분이라 아주 가끔씩을 제외하고는 괜찮았다. 내가 엄마 나이쯤 되어서는 나의 결핍보다도, 너무 빨리 가버린 엄마라는 사람에 대해 더 많은 애틋한 감정이 생겨났다. 이 나이를 모르고 간 사람이었다. 그래서 내가 나이 들어감에 따라 엄마에 대한 나의 애도는 새로운 모습을 띠었다. 그냥 그럴 때마다 한적한 바다가 한없이 보고 싶어져 이곳에 왔다.

아이는 내 쪽에서 비스듬히 몸을 돌린 채로 있었다. 그래서 아이의 표정을 볼 수는 없었다. 아이는 손에 힘을 잔뜩 주고 모래를 파내고 있었다. 파고 또 팠다. 아주 열중하는 사람처럼 거칠게 모래를 팠다. 모르는 사람이 보면 땅속에서 무언가를 찾아 헤매는 사람이라고 생각할 정도로. 나는 쓸데없는 얘기까지 했나 싶어 괜히 미안해져서 아이를 훔쳐보는 시선을 거두지 못했다. 대화거리를 찾지 못하고 가만히 파도 부서지는 소리를 들었고 아이는 계속해서 모래에 집중했다. 땅이 꽤 큼지막한 구덩이로 움푹 팼을 때 아이가 자리에서 일어났다.

바다로 성큼성큼 걸어가더니 내 쪽으로 몸을 돌리고 깨끗한 표정으로 말했다. 악의도 선의도 없이 응당 그래야 하는 것처럼 말했다.

"같이 물에 들어가요."

예상치 못한 제안에 나는 놀라서 머뭇거렸다. 그때 마음속에 뭔가 생소한 기분이 생겨났다. 계획에 없는 일을 할 때 드는 기대감 같은 것일까. 나는 아이를 보며 고개를 끄덕거리고 나서 신발을 벗고 주머니에 들어있던 것들을 꺼내서 그 위에 올려놓았다. 맨발로 모래를 밟으면서 바다로 들어갔다. 분명히 알고 있었지만 손 놓은지 너무 오래된 기억처럼 차갑게 바닷물이 몸에 닿았다. 그동안 바다를 보러 오기는 했지만 이렇게 완전히 몸을 담그는 건 없던 일이다. 혼자 바다에 오면 굳이 물에 들어갈 생각을 하지 않았기 때문이다. 이리저리 튀는 물살에 내가 소리를 지르며 웃음을 터트리자 아이도 기분이 좋은지 같이 웃었다. 멀리서 산책하며 바라본 장면과는 사뭇 달랐다. 바다는 훨씬 더 살아있었고 부서지는 순간부터 곧바로 물을 끌어모으기 시작하는 파도의 순환으로 가득 차 있었다. 바닷물이 너무 오랜만이라 때때로 짠물을 먹으면 무섭기도 했는데 아이는 그걸 아는지 계속 옆에서 파도가 오는 때를 알려주려 노력했다. 아이가 멀리 내다보며 인상을 구겼다가 이내 내 쪽으로 얼굴을 돌렸다. 때를 알려준다는 건 누군가가 타인에게 줄 수 있는 최대한의 다정함이라는 것을 아이는 아직 모르고 있는 듯 보였다.

글은 언제나 이곳에 있다. 우리의 마음이 돌아다닐 뿐이다.
마음껏 돌아다니다 왔으면 좋겠다.

파도 아래 선한 눈

Good-natured eyes underneath the waves

1판1쇄 발행 2019년 09월 02일
   3쇄 발행 2023년 8월 20일

지은이	강준서
펴낸이	강준서
펴낸곳	스튜디오 구 (Studio Gu)
출판신고	제2022-000106호 (2022년 11월 9일)
이메일	flowseo1117@gmail.com
SNS	@joonseo_total
ISBN	979-11-980859-1-7

이 책의 판권은 지은이와 '스튜디오 구'에 있습니다. 이 책 내용의 전부 또는 일부를 재사용하려면 반드시 저작권자와 '스튜디오 구'의 서면 동의를 받아야 합니다.